9歲莉比的小秘密
HELP, HOPE & HAPPINESS

作者：莉比·瑞絲
(Libby Rees)

譯者：陳坤虎

所有的小孩都會說

我很快樂

我很健康

我很認真

因為

我知道莉比的小秘密

HELP, HOPE AND HAPPINESS

Libby Rees

First published in Great Britain by
Aultbea Publishing Company in 2005,
28 Church Street, Inverness IV1 1HB

Third Edition

This translation published by arrangement with
Script Publishing Ltd.

將此書獻給媽媽，她總是鼓勵我追尋自己的夢想。

作者：莉比・瑞絲

莉比・瑞絲第一次投稿這本書時只有九歲。和其他同年齡的小朋友相比，我們真不敢相信，莉比在這麼小的年紀就已經展現出成熟的心靈，這實在太令人驚訝了！

　　莉比現在是英國「新森林」地區一間小學的學生，當莉比沒有忙著學業或寫作時，她喜歡彈吉他。莉比喜歡所有的動物，她總是很小心的照顧她的寵物（兔子和金魚）。除此之外，她也喜歡閱讀很多有趣的書，對於這點我們一點都不驚訝！

台灣大學心理學研究所臨床心理學博士，臨床心理師高考及格，二○○八年二月起將於輔仁大學擔任臨床心理系助理教授。曾任美國密西根大學訪問學者；台灣大學、台北科技大學輔導中心兼任輔導老師；康寧醫護管理專科學校幼保科兼任講師；台大醫院兒童心智科實習臨床心理師、家庭醫學科實習督導暨臨床心理師；台北市立聯合醫院（台北市立療養院）實習臨床心理師。譯作有《想得好，感覺棒──兒童青少年認知行為治療學習手冊》、《幼兒獨立生活技能訓練手冊》、《原來快樂就是這麼一回事：增進快樂，減少困擾的秘訣》。

莉比的話

我寫這本書是因為從我的經驗知道，它能幫助你了解在遇到問題的時候，你不是只有自己一個人。我想要用這本書，將我處理生活問題的一些方法與各位小朋友分享。

譯者的話

很多人也許有這樣的想法，認為小朋友遇到困難、挫折時，鐵定沒辦法處理自己的情緒，更遑論解決問題。然而，這樣的說法可要被打破了，因為本書的作者莉比，她在九歲小小年紀便用活生生的例子告訴大家，小朋友仍是有自我管理的能力。

莉比大約在六歲左右經歷了父母離婚的傷痛，九歲時她把曾用來抒發情緒的方法記錄下來，並投稿給蘇格蘭的奧特比亞出版社，希望這些建議能幫助其他有相同遭遇的孩子走出陰霾，結果出版社收到稿件不到廿四小時之內，便通知莉比前來簽約，讓莉比母女又驚又喜。此書正是莉比用來走出憂傷的錦囊妙計。此書於二〇〇五年十二月輔上市，馬上銷售一空，為此出版社趕緊加印此書，由此可見其受歡迎的程度。而且，該出版社還答應替莉比多出兩本書呢！同時，法國、日本、美國等世界各地的電視、電影媒體也爭相採訪莉比。

有感於國內孩童越來越不快樂，課業壓力、人際相處、單親、隔代教養、新移民家庭親子教養等問題相繼出現，然而兒童心理衛生教育仍尚待努力，為此希望藉由翻譯此書盡一點棉薄之力。

最後，要感謝林敬堯總編輯與高碧嶸執行編輯在行政及翻譯上的指點與鼎力相助。讓此書能以最貼近小朋友的方式呈現。

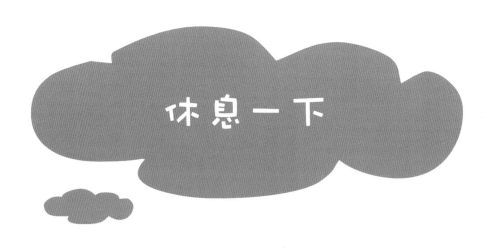

試著找個獨處的時間，你可以看一場很喜歡的電影或是讀一本喜歡的書。這可以讓你有一段寶貴的休息時間，不需為任何事情擔心，好好放鬆自己。當充分的休息之後，你會發現自己變得更快樂、更有精神，並且能夠應付任何遇到的問題。

口頭禪

想想看，有沒有哪句有趣的話總是能讓你哈哈大笑？當你心情很差的時候，你就可以對自己說這些話，這會讓你好過一點兒。我媽媽會和我一起聽賈桂林‧威爾森的「巔峰戰士」錄音帶。在故事裡有個主角，因為他有一個布偶，常被小混混們用「粉紅威利」來嘲笑他的娘娘腔。雖然我們一點都不喜歡小混混，但是只要一想到那個像「粉紅威利」的布偶，總是讓我們笑個不停。所以「粉紅威利」就變成了能讓我們保持開心的口頭禪。

正向思考

不論發生任何事，都試著去看好的一面。如果你認真的想一想，你會知道就算在最糟糕的情況裡，還是會有好的一面。所以，各位小朋友可以試一試在每天早上起床的時候，對鏡中的自己說五次「我每天都會越來越好」，相信我，我都是這麼做的，當你開始這麼做時，你真的會覺得生活越來越好喔！

找一件你害怕的事，並且想辦法克服它。舉個例子說明好了，你可以試著摸一下蜘蛛（先從很小隻的那種開始，而不是大蜘蛛）。當你完成之後，那種成就感會鼓勵你面對生活中的其他難題，並且讓你相信自己很有力量。就算是學業上的問題也難不倒你。只要專心去做你想要完成的事，你就會比較容易成功。

感恩之夜

感恩之夜，就是用來感謝上天的夜晚。你可以在一個星期中，挑選任何一個你喜歡的晚上，當作是你的特別的「感恩之夜」。它可以是在星期五，因為它是需要上學的最後一天；也可以是在星期二，只因為這一天有你最愛看的電視節目。時間由你自己決定，當你度過特別的感恩之夜後，它將會幫助你在未來的每一週都過得很好。

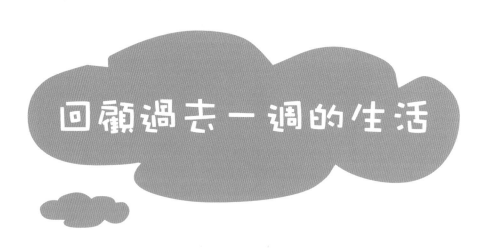

花一些時間回想一下在過去的這個星期裡，你做了哪些事，並且想想在這些事情中，哪些事你做得還不錯，以及哪些事還需要改進。然後，你可以想一想如何改變這個情況，並且將想到的新方法應用到下一週的計劃裡。當你認真的思考自己想要的是什麼時，成功就離你不遠了喔！

找一個只有你自己一個人的地方，盡情釋放自己——大聲尖叫、吼叫、用力亂踢，不管你做什麼，這些身體活動都可以幫助你釋放心中所有的氣！丟東西也是另一個有幫助的活動。你可以先找到一堆樹枝、石頭，以及一個很大的空地，接著，每丟出一根樹枝或一顆石頭時，就大聲說出讓你很煩的事情。這麼做之後，你的心情就會好多了！

有時候，你可以做一些事情讓自己不會感到無聊。參加社團就是個可以讓你忘記煩惱、找到好玩事情的好方法。參加語言社團是個好點子，或是加入一個運動社團，讓你變得更健康。參加社團可以證明自己是個有能力、有動力，為自己生活帶來變化的人喔！

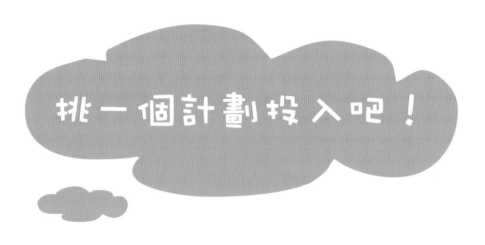

挑一個計劃投入吧！這個計劃可能是學校裡的某個你想了解更多的研究，也可能只是一個你覺得有趣的題目。要是你想要把完成某件事當作是你的計劃，而不是做一些紙筆作業那也不錯。或是你想要試一試學會一項實用的技巧（例如，煮東西），好讓以後有需要的時候可以派上用場，如此一來，你的生活會更有趣。

有健康的身體，
才有健康的心靈

如果你常常運動，你的身體會釋放一種叫做「腦內啡」的東西到身體的系統裡。它們不停的奔跑大叫著：「嘿！我們覺得棒呆了！」而且會讓你身體的其他部分（包括你的大腦）也這麼覺得，好讓你有能力去處理任何發生在你身上的事情。所以，多去戶外好好的跑一跑、動一動吧！這一定會對你有幫助。

逛街療法

平時你可以存一些錢，但不用存很多。看看你可不可以在逛街時給自己一個挑戰，那就是用最少的錢買到一些很特別的東西，但可千萬別在第一家店一下子就花光了你的錢。這項活動還可以幫助你專心地找出特別的事物，而且可以讓你逛遍各種不同的商店（血拼到你掛掉）。這個很棒的方法還可以幫助你吸取各種不同的顏色和設計，刺激你大腦的創造力哦！

你也許會覺得打掃房間是件不怎麼重要的雜事！不過，如果你真的將房間打掃得十分乾淨，你的生活將會變得更有秩序。像是你可以很快地找到東西而不會搞得一團亂，也不會因為找不到心愛的 T 恤而覺得挫折。將同樣的道理用在整理書包及鉛筆盒上，我敢說，你已經準備好迎接一個全新的開始了！

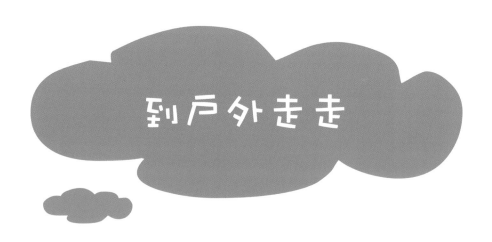

到戶外走走

關在家裏，只會讓你覺得更容易累、挫折和懶散。試試到戶外走走，就算是到你家的庭院走走也好。新鮮的空氣會使你更有精神，你也會覺得自己更健康了！出去走一小段路，你可以走個十五分鐘到二十分鐘都好。這樣你可以有一些不被打擾的時間，好好想一下如何解決你目前的問題。所以，試一試每個星期到外面透透氣二到三次吧！

試著對身邊的人好一點，多對他們做一些好事，你會發現你和朋友及人們的相處變得更好了！如果你這麼做之後，你會注意到有越來越多的人喜歡和你在一起，而你也會更喜歡自己哦！

養寵物

如果可能的話，可以在家裏養一隻寵物，不過你要負起全部的責任，好好照顧牠。牠可以是任何一種動物，從小螞蟻到大象都行，只要你能夠照顧得來。如果你不能在家裏養寵物，那麼試試問一下你的鄰居或親戚，看他們是不是願意讓你一起照顧他們養的寵物！當你這麼做之後，你會享受到沒有私心地照顧動物所帶來的快樂，而這就是最棒的回報了！

找一本小記事本或筆記本，把你所有的擔心和不好的想法都記在上面。當你把它們寫在紙上的時候，就可以把它們從大腦裏趕走。等你寫滿那本小書時，先不用急著處理，可以等到蓋伊・福克斯之夜（註：每年的十一月五日是英國慶祝一六〇五年火藥陰謀事件主謀蓋伊・福克斯被捕的紀念日），再將小書丟到火爐裏燒掉。當小書在火焰中燃燒時，也代表你的問題被燒成灰燼，不再讓你心煩。（要小心火哦！）

當你越是努力地做某項計劃，你將會發現結果越來越好。當你把某件事做得很棒時，你會得到很大的成就感，並且為自己的表現感到驕傲。這總比把事情搞砸或什麼事都沒做的感覺好多了。你也將接受到大家的讚美，而不會讓別人對你說：「你沒有努力做好你該做的事情。」

在生活中，你可以試著找一些能幫助他人的機會。也許有的人平常已經幫你做了很多事，而你可以為他們做一些小事，或者提供一些幫助來回報他們。例如你可以在用餐前幫忙放好桌子的餐具、洗碗、或是跟你的哥哥、弟弟、姊姊、妹妹們好好相處。這些都是你每天可做到的「日行一善」。

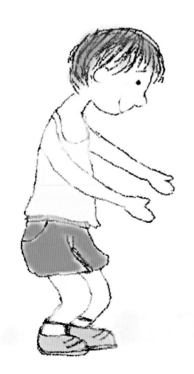

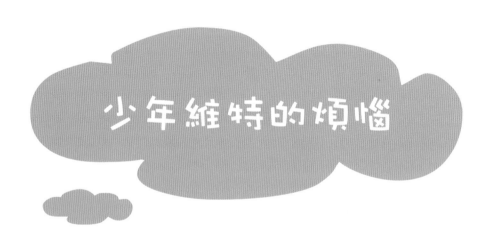

少年維特的煩惱

有時候要停止去想別人會怎麼想。如果你放鬆一點兒做你自己，也許他們會更喜歡你哦！如果他們真的是你的朋友，他們會喜歡你原來的樣子，如果他們不是這樣，那麼他們也不會是你所需要的朋友。

讓你每週的計劃動起來！

你可以為每個星期做好計劃，並且自己檢查看看完成了多少。事先做好充份的計劃，你就能留下更多空閒的時間給自己。也許你剛好有日記本或計劃表可以讓你用來安排你的一週計劃；如果你是個電腦高手，你也可以善用電腦來幫助你完成計劃。當你每週的計劃動起來之後，你的生活也會更有趣哦！

自己煮東西吃

你可以在廚房裡玩創意。總有一天，你必須自己煮東西吃，為什麼不從現在就開始學習以後可能會用到的技巧呢？當你自己做出好吃的東西，而且可以和別人分享這難得的好滋味時，那種感覺真得很棒！我們有時候都需要做一些事情來滿足自己的成就感，自己試著煮東西吃便是其中一個很棒的方法。（記住，在開始煮東西之前，要先得到大人的同意哦！）

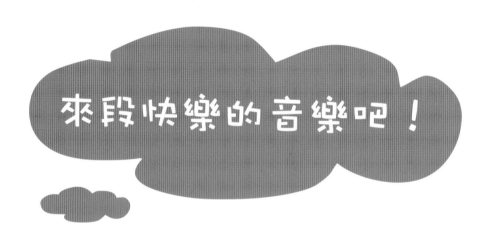

找找看你手邊的音樂，有沒有哪些旋律可以讓你有快樂的回憶、或是能讓你心情平靜下來以及想要跟著跳起舞來？當你這麼做時，你會很驚訝地發現，你的心情很快地變好了，你也再度充滿活力。

看看照片

把你的相簿拿出來翻一翻、看一看，回想一下相片中的快樂時光或好玩的事。然後你可以閉上眼睛，並且回想你曾經擁有的時光。這將會讓你重新找回好心情哦！

與朋友分享問題，
事情就解決了一半

你可以信任你最好的朋友。把你心裡正在想的問題，大聲地說出來給你的朋友聽，並和他們討論你打算處理問題的方法，很快地你會發現，問題會變得容易解決多了。你甚至還會發現你的朋友和你有相同的擔心，所以能夠給你很多的支持哦！

進入甜美的夢鄉

如果你晚上睡得好，那麼你就會比較有力氣面對明天。不要很晚了還吃東西，特別是乳酪和烤豆子（註：烤豆子是英國人的主食，就像中國人的米飯一樣），因為這些食物很容易讓你的肚子不舒服，讓你無法好好睡覺。還有，記得在上床睡覺前，盡量做一些可以讓你放鬆的事情，例如睡覺前看一點書，可以幫助你睡前放鬆。

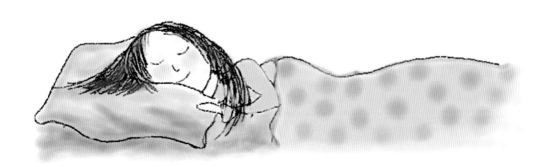

如果你坐下來看一部真的很感人的電影，你會發現自己的心好像被打開了，心裡所有的情緒一下子都跑出來，之後你會覺得心情好多了。我們身體的設計可藉由身體的反應（如：大哭一場）來讓我們的心情好一點。記得準備面紙哦！

不知道你每天是不是都準備好去上學？或準備好發現有趣的事物，就像週末時和好朋友出去玩那樣？總之，最好要先確定自己做好準備了沒。你可以用自己最喜歡的裝飾品，好好打扮自己一下，這會讓你覺得好一點。即使你必須穿制服，你也可以梳個漂亮或帥氣的髮型，或是將你的書包、鉛筆盒變得很有個人的特色，這都可以讓自己覺得很棒哦！

打敗悲觀的想法

當你開始出現悲觀的想法，請想想在這個世界上，隨時都有一些人活得比你悲慘！這是真的，請相信我，只要你看新聞馬上會發現，在世界上的各個角落，有好多人正遭遇不幸的事。你應該要有顆感恩的心，感恩你沒有遇到一些恐怖的事（如，戰爭、飢荒、海嘯等）。你會知道自己真的很幸福，不會再有那些悲觀的想法。

只要你願意開始為世界做些努力，像是願意站出來幫忙對抗世界貧窮的問題，或是接受一些挑戰幫助慈善機構。這麼做能帶給你真正的快樂，即使在你的生活中，你沒辦法馬上改變一些事情，但是，你還是可以幫助世界上其他的角落變得更好哦！

送這句拉丁文給你─Carpe Diem，它的意思是要珍惜每一天。如果你沒看過電影「春風化雨」，那就趕快去看看吧！這部電影主要是告訴我們要把握、善用你的每一天、每個機會。因為你不會想要在未來的日子裏，不斷想著曾經錯過的一連串的機會。所以，好好把握現在吧！每一天都有無限可能，只等你用心去創造！

國家圖書館出版品預行編目資料

9 歲莉比的小秘密／Libby Rees 著；陳坤虎譯.
--初版.--臺北市：心理，2007.11
面；　公分.--（兒童心理成長；6）
譯自：Help, hope and happiness
ISBN 978-986-191-086-4

1.生活指導　2.兒童心理學　3.通俗作品

177.2　　　　　　　　　　　　　96019829

兒童心理成長 6　　　**9 歲莉比的小秘密**

作　　　者：Libby Rees
譯　　　者：陳坤虎
插　　　畫：李淑娟
執 行 編 輯：高碧嶸
總 編 輯：林敬堯
發 行 人：洪有義
出 版 者：心理出版社股份有限公司
社　　　址：台北市和平東路一段 180 號 7 樓
總　　　機：(02) 23671490　傳　真：(02) 23671457
郵　　　撥：19293172　心理出版社股份有限公司
電子信箱：psychoco@ms15.hinet.net
網　　　址：www.psy.com.tw
駐美代表：Lisa Wu　tel: 973 546-5845　fax: 973 546-7651
登 記 證：局版北市業字第 1372 號
電腦排版：辰皓國際出版製作有限公司
印 刷 者：辰皓國際出版製作有限公司
初版一刷：2007 年 11 月